L$_g^6$ 468

TRAITÉ DE PAIX

ENTRE

LE ROI,

LE ROI D'ESPAGNE

ET

LE ROI DE LA GRANDE-BRETAGNE,

Conclu à Paris le 1 0 Février 1763.

AVEC

L'ACCESSION DU ROI DE PORTUGAL.

A PARIS,
DE L'IMPRIMERIE ROYALE.

M. DCCLXIII.

LOUIS, PAR LA GRACE DE DIEU, ROI DE FRANCE ET DE NAVARRE: A tous ceux qui ces préfentes Lettres verront; SALUT. Comme notre très-cher & bien amé coufin le Duc de Praflin, Pair de France, Chevalier de nos Ordres, Lieutenant général de nos armées & de notre province de Bretagne, Confeiller en tous nos Confeils, & Miniftre & Secrétaire d'État & de nos commandemens & finances, en vertu du Plein-pouvoir que nous lui en avons donné, auroit conclu, arrêté & figné le 10 du préfent mois de février, à Paris, avec le fieur Marquis de Grimaldi, Chevalier de nos Ordres,

A ij

Gentilhomme de la Chambre, avec exercice, de notre très-cher & très-amé frère & cousin le Roi d'Espagne, & son Ambassadeur extraordinaire près de nous, pareillement muni de son Plein-pouvoir; & avec le sieur Duc de Bedford, Ministre d'État de notre très-cher & très-amé frère le Roi de la Grande-Bretagne, Lieutenant général de ses armées, Garde de son sceau privé, Chevalier de l'ordre de la Jarretière, & son Ambassadeur extraordinaire & Plénipotentiaire près de nous, également muni de son Plein-pouvoir, le Traité définitif de Paix & les articles séparés, dont la teneur s'ensuit.

Au nom de la très-sainte & indivisible Trinité, Père, Fils & Saint-Esprit. Ainsi soit-il.

SOIT notoire à tous ceux qu'il appartiendra, ou peut appartenir en manière quelconque. Il a plu au Tout-puissant de répandre l'esprit d'union & de concorde sur les Princes, dont les divisions avoient porté le trouble dans les quatre parties du Monde, & de leur inspirer le dessein de faire succéder les douceurs

5

de la paix aux malheurs d'une longue & fanglante
guerre, qui, après s'être élevée entre la France & l'An-
gleterre, pendant le régne du féréniffime & très-puiffant Prince GEORGE II, par la grace de Dieu, Roi
de la Grande-Bretagne, de glorieufe mémoire, a été
continuée fous le régne du féréniffime & très-puiffant
Prince GEORGE III, fon fucceffeur, & s'eft commu-
niquée, dans fes progrès, à l'Efpagne & au Portugal..
En conféquence, le féréniffime & très-puiffant Prince
LOUIS XV, par la grace de Dieu, Roi Très-Chrétien
de France & de Navarre; le féréniffime & très-puiffant
Prince CHARLES III, par la grace de Dieu, Roi
d'Efpagne & des Indes; le féréniffime & très-puiffant
Prince GEORGE III, par la grace de Dieu, Roi de
la Grande-Bretagne, Duc de Brunfwick & de Lune-
bourg, Archi-Tréforier & Électeur du faint Empire
Romain, après avoir pofé les fondemens de la Paix
dans les préliminaires fignés le 3 novembre dernier,
à Fontainebleau; & le féréniffime & très-puiffant
Prince Don JOSEPH Ier, par la grace de Dieu, Roi
de Portugal & des Algarves, après y avoir accédé,
ont réfolu de confommer fans délai ce grand & important ouvrage. A cet effet, les Hautes Parties contractantes
ont nommé & conftitué leurs Ambaffadeurs extraordinaires & Miniftres plénipotentiaires refpectifs, favoir;
Sa facrée Majefté le Roi Très-Chrétien, le très-illuftre

& très-excellent Seigneur Céfar-Gabriel de Choifeul, Duc de Praflin, Pair de France, Chevalier de fes Ordres, Lieutenant général de fes armées & de la province de Bretagne, Confeiller en tous fes Confeils, & Miniftre & Secrétaire d'État, & de fes Commandemens & finances: Sa facrée Majefté le Roi Catholique, le très-illuftre & très-excellent Seigneur Don Jérôme Grimaldi, Marquis de Grimaldi, Chevalier des Ordres du Roi Très-Chrétien, Gentilhomme de la Chambre de Sa Majefté Catholique, avec exercice, & fon Ambaffadeur extraordinaire près de Sa Majefté Très-Chrétienne: Sa facrée Majefté le Roi de la Grande-Bretagne, le très-illuftre & très-excellent Seigneur Jean, Duc & Comte de Bedford, Marquis de Taviftock, &c. fon Miniftre d'État, Lieutenant général de fes armées, Garde de fon Sceau privé, Chevalier du très-noble Ordre de la Jarretière, & fon Ambaffadeur extraordinaire & plénipotentiaire près de Sa Majefté Très-Chrétienne: Sa facrée Majefté le Roi Très-Fidèle, le très-illuftre & très-excellent Seigneur Martin de Mello & Caftro, Chevalier-Profès de l'Ordre de Chrift, du Confeil de Sa Majefté Très-Fidèle, & fon Ambaffadeur & Miniftre plénipotentiaire près de Sa Majefté Très-Chrétienne. Lefquels, après s'être dûement communiqué leurs Plein-pouvoirs en bonne forme, & dont les copies font tranfcrites à la fin du préfent Traité de paix, font convenus des articles dont la teneur s'enfuit.

ARTICLE PREMIER.

IL y aura une Paix chrétienne, univerfelle & per-pétuelle, tant par mer que par terre, & une amitié fincère & conftante fera rétablie entre Leurs Majeftés Très-Chrétienne, Catholique, Britannique & Très-Fidèle, & entre leurs héritiers & fucceffeurs, royaumes, états, provinces, pays, fujets & vaffaux, de quelque qualité & condition qu'ils foient, fans exception de lieux ni de perfonnes; en forte que les Hautes Parties contractantes apporteront la plus grande attention à maintenir entre Elles & leurfdits États & Sujets cette amitié & correfpondance réciproques, fans permettre dorénavant que de part ni d'autre on commette aucune forte d'hoftilités, par mer ou par terre, pour quelque caufe & fous quelque prétexte que ce puiffe être; & on évitera foigneufement tout ce qui pourroit altérer à l'avenir l'union heureufement rétablie, s'attachant au contraire à fe procurer réciproquement, en toute occafion, tout ce qui pourroit contribuer à leur gloire, intérêts & avantages mutuels, fans donner aucun fecours ou protection, directement ou indirectement, à ceux qui voudroient porter quelque préjudice à l'une ou à l'autre defdites Hautes Parties contractantes. Il y aura

8

un oubli général de tout ce qui a pû être fait ou commis avant ou depuis le commencement de la guerre qui vient de finir.

II.

LES Traités de Weſtphalie, de 1648; ceux de Madrid, entre les Couronnes d'Eſpagne & de la Grande-Bretagne, de 1667 & de 1670; les Traités de Paix de Nimègue, de 1678 & de 1679; de Ryſwick, de 1697; ceux de Paix & de Commerce d'Utrecht, de 1713; celui de Bade, de 1714; le Traité de la triple alliance de la Haye, de 1717; celui de la quadruple alliance de Londres, de 1718; le Traité de Paix de Vienne, de 1738, le Traité définitif d'Aix-la-Chapelle, de 1748; & celui de Madrid, entre les Couronnes d'Eſpagne & de la Grande-Bretagne, de 1750; auſſi-bien que les Traités entre les Couronnes d'Eſpagne & de Portugal, du 13 février 1668, du 6 février 1715, & du 12 février 1761; & celui du 11 avril 1713, entre la France & le Portugal, avec les garanties de la Grande-Bretagne, ſervent de baſe & de fondement à la Paix & au préſent Traité: & pour cet effet ils ſont tous renouvelés & confirmés, dans la meilleure forme, ainſi que tous les Traités en général qui ſubſiſtoient entre les Hautes Parties contraɕantes, avant la guerre, & comme s'ils étoient inférés ici mot à mot; en ſorte qu'ils devront être obſervés exaɕement à
l'avenir

l'avenir dans toute leur teneur, & religieusement exé-
cutés de part & d'autre, dans tous les points auxquels
il n'est pas dérogé par le présent Traité, nonobstant
tout ce qui pourroit avoir été stipulé au contraire par
aucune des Hautes Parties contractantes : & toutes
lesdites Parties déclarent qu'Elles ne permettront pas
qu'il subsiste aucun privilége, grace ou indulgence, con-
traires aux Traités ci-dessus confirmés, à l'exception de
ce qui aura été accordé & stipulé par le présent Traité.

I I I.

TOUS les prisonniers faits de part & d'autre, tant
par terre que par mer, & les ôtages enlevés ou donnés
pendant la guerre & jusqu'à ce jour, seront restitués
sans rançon, dans six semaines au plus tard à compter
du jour de l'échange de la ratification du présent Traité,
chaque Couronne soldant respectivement les avances
qui auront été faites, pour la subsistance & l'entretien
de ses prisonniers, par le Souverain du pays où ils
auront été détenus, conformément aux reçûs & états
constatés, & autres titres authentiques qui seront fournis
de part & d'autre ; & il sera donné réciproquement
des sûretés pour le payement des dettes que les prisonniers auroient pû contracter, dans les États où ils
auroient été détenus jusqu'à leur entière liberté : Et
tous les vaisseaux, tant de guerre que marchands, qui

B

auroient été pris depuis l'expiration des termes convenus
pour la ceffation des hoftilités par mer, feront pareillement rendus de bonne foi, avec tous leurs équipages
& cargaifons ; & on procédera à l'exécution de cet
article immédiatement après l'échange des ratifications
de ce Traité.

I V.

SA MAJESTÉ Très-Chrétienne renonce à toutes
les prétentions qu'Elle a formées autrefois ou pû former
à la Nouvelle-Écoffe ou l'Acadie, en toutes fes parties,
& la garantit toute entière, & avec toutes fes dépendances, au Roi de la Grande-Bretagne : De plus Sa
Majefté Très-Chrétienne céde & garantit à Sadite
Majefté Britannique, en toute propriété, le Canada
avec toutes fes dépendances, ainfi que l'ifle du Cap-
Breton, & toutes les autres ifles & côtes dans le golfe
& fleuve Saint-Laurent, & généralement tout ce
qui dépend defdits pays, terres, ifles & côtes, avec
la fouveraineté, propriété, poffeffion & tous droits
acquis par Traités ou autrement, que le Roi Très-
Chrétien & la Couronne de France ont eus jufqu'à
préfent fur lefdits pays, ifles, terres, lieux, côtes & leurs
habitans; ainfi que le Roi Très-Chrétien céde & tranf-
porte le tout audit Roi & à la Couronne de la Grande-
Bretagne, & cela de la manière & dans la forme la
plus ample, fans reftriction, & fans qu'il foit libre de

revenir, fous aucun prétexte, contre cette ceſſion &
garantie, ni de troubler la Grande-Bretagne dans les
poſſeſſions fus-mentionnées. De fon côté, Sa Majeſté
Britannique convient d'accorder aux habitans du Canada
la liberté de la religion Catholique ; en conſéquence,
Elle donnera les ordres les plus précis & les plus effectifs,
pour que ſes nouveaux ſujets Catholiques Romains
puiſſent profeſſer le culte de leur Religion, ſelon le rit
de l'Égliſe Romaine, en tant que le permettent les loix
de la Grande-Bretagne. Sa Majeſté Britannique convient
en outre que les habitans françois ou autres, qui auroient
été Sujets du Roi Très-Chrétien en Canada, pourront
ſe retirer, en toute ſûreté & liberté, où bon leur ſem-
blera, & pourront vendre leurs biens, pourvû que ce
ſoit à des Sujets de Sa Majeſté Britannique, & tranſporter leurs effets, ainſi que leurs perſonnes, ſans être
gênés dans leur émigration, ſous quelque prétexte que
ce puiſſe être, hors celui de dettes, ou de procès criminels ; le terme limité pour cette émigration ſera fixé à
l'eſpace de dix-huit mois, à compter du jour de l'échange
des ratifications du préſent Traité.

V.

LES Sujets de la France auront la liberté de la
pêche & de la ſécherie ſur une partie des côtes de
l'iſle de Terre-neuve, telle qu'elle eſt ſpécifiée par

l'article XIII du Traité d'Utrecht, lequel article eſt renouvelé & confirmé par le préſent Traité (à l'exception de ce qui regarde l'iſle du Cap-Breton, ainſi que les autres iſles & côtes dans l'embouchûre & dans le golfe Saint-Laurent) : Et Sa Majeſté Britannique conſent de laiſſer aux Sujets du Roi Très-Chrétien la liberté de pêcher dans le golfe Saint-Laurent, à condition que les Sujets de la France n'exercent ladite pêche qu'à la diſtance de trois lieues de toutes les côtes appartenantes à la Grande-Bretagne, ſoit celles du continent, ſoit celles des iſles ſituées dans ledit golfe Saint-Laurent : Et pour ce qui concerne la pêche ſur les côtes de l'iſle du Cap-Breton, hors dudit golfe, il ne ſera permis aux Sujets du Roi Très-Chrétien d'exercer ladite pêche qu'à la diſtance de quinze lieues des côtes de l'iſle du Cap-Breton ; & la pêche ſur les côtes de la Nouvelle-Écoſſe ou Acadie, & par-tout ailleurs hors dudit golfe, reſtera ſur le pied des Traités antérieurs.

V I.

LE ROI de la Grande-Bretagne céde les iſles de Saint-Pierre & de Miquelon, en toute propriété, à Sa Majeſté Très-Chrétienne, pour ſervir d'abri aux Pêcheurs françois ; & Sadite Majeſté Très-Chrétienne s'oblige à ne point fortifier leſdites iſles, à n'y établir que des bâtimens civils pour la commodité de la pêche,

& à n'y entretenir qu'une garde de cinquante hommes, pour la police.

V I I.

AFIN de rétablir la paix fur des fondemens folides & durables, & écarter pour jamais tout fujet de difpute, par rapport aux limites des territoires françois & britanniques, fur le continent de l'Amérique, il eft convenu qu'à l'avenir les confins entre les États de Sa Majefté Très-Chrétienne & ceux de Sa Majefté Britannique, en cette partie du monde, feront irrévocablement fixés par une ligne tirée au milieu du fleuve Miffiffipi, depuis fa naiffance jufqu'à la rivière d'Iberville, & de-là, par une ligne tirée au milieu de cette rivière & des lacs Maurepas & Pontchartrain, jufqu'à la mer: Et à cette fin le Roi Très-Chrétien céde en toute propriété & garantit à Sa Majefté Britannique la rivière & le port de la Mobile, & tout ce qu'il poffède ou a dû poffédér du côté gauche du fleuve Miffiffipi; à l'exception de la ville de la Nouvelle-Orléans, & de l'ifle dans laquelle elle eft fituée, qui demeureront à la France : bien entendu que la navigation du fleuve Miffiffipi fera également libre, tant aux Sujets de la Grande-Bretagne, comme à ceux de la France, dans toute fa largeur & dans toute fon étendue, depuis fa fource jufqu'à la mer, & nommé-

ment cette partie qui eſt entre la ſuſdite iſle de la
Nouvelle-Orléans & la rive droite de ce fleuve, auſſi-
bien que l'entrée & la ſortie par ſon embouchûre. Il
eſt de plus ſtipulé que les bâtimens appartenans aux
Sujets de l'une ou l'autre nation ne pourront être
arrêtés, viſités, ni aſſujétis au payement d'aucun droit
quelconque. Les ſtipulations inſérées dans l'article IV;
en faveur des habitans du Canada, auront lieu de même
pour les habitans des pays cédés par cet article.

V I I I.

LE ROI de la Grande-Bretagne reſtituera à la
France les iſles de la Guadeloupe, de Marie-Galante,
de la Deſirade, de la Martinique & de Belle-iſle; &
les places de ces iſles ſeront rendues dans le même état
où elles étoient quand la conquête en a été faite par
les armes britanniques; bien entendu que les Sujets de
Sa Majeſté Britannique qui ſe ſeroient établis, ou ceux
qui auroient quelques affaires de commerce à régler
dans leſdites iſles & autres endroits reſtitués à la France
par le préſent Traité, auront la liberté de vendre leurs
terres & leurs biens, de régler leurs affaires, de recouvrer leurs dettes, & de tranſporter leurs effets, ainſi
que leurs perſonnes, à bord des Vaiſſeaux qu'il leur
ſera permis de faire venir auxdites iſles & autres endroits reſtitués comme deſſus, & qui ne ſerviront qu'à

cet ufage feulement, fans être gênés à caufe de leur
Religion, ou fous quelqu'autre prétexte que ce puiffe
être, hors celui de dettes ou de procès criminels; &
pour cet effet, le terme de dix-huit mois eft accordé
aux Sujets de Sa Majefté Britannique, à compter du
jour de l'échange des ratifications du préfent Traité.
Mais comme la liberté accordée aux Sujets de Sa
Majefté Britannique, de tranfporter leurs perfonnes &
leurs effets fur des Vaiffeaux de leur nation, pourroit
être fujette à des abus, fi l'on ne prenoit la précaution
de les prévenir, il a été convenu expreffément entre
Sa Majefté Très-Chrétienne & Sa Majefté Britannique,
que le nombre des Vaiffeaux anglois qui auront la liberté
d'aller auxdites ifles & lieux reftitués à la France, fera
limité, ainfi que le nombre de tonneaux de chacun;
qu'ils iront en left, partiront dans un terme fixé, &
ne feront qu'un feul voyage, tous les effets appartenans aux Anglois devant être embarqués en même
temps. Il a été convenu en outre que Sa Majefté Très-
Chrétienne fera donner les paffeports néceffaires pour
lefdits Vaiffeaux; que pour plus grande fûreté, il fera
libre de mettre deux Commis ou Gardes françois, fur
chacun defdits Vaiffeaux, qui feront vifités dans les
attérages & ports defdites ifles & lieux reftitués à la
France, & que les marchandifes qui s'y pourront trouver, feront confifquées.

I X.

LE ROI Très-Chrétien céde & garantit à Sa Majesté Britannique, en toute propriété, les isles de la Grenade & les Grenadins, avec les mêmes stipulations en faveur des habitans de cette Colonie, insérées dans l'article IV pour ceux du Canada; & le partage des isles appelées Neutres, est convenu & fixé, de manière que celles de Saint-Vincent, la Dominique & Tabago, resteront en toute propriété à la Grande-Bretagne, & que celle de Sainte-Lucie sera remise à la France, pour en jouir pareillement en toute propriété; & les Hautes Parties contractantes garantissent le partage ainsi stipulé.

X.

SA MAJESTÉ Britannique restituera à la France l'isle de Gorée, dans l'état où elle s'est trouvée quand elle a été conquise; & Sa Majesté Très-Chrétienne céde en toute propriété, & garantit au Roi de la Grande-Bretagne la rivière de Sénégal, avec les forts. & comptoirs de Saint-Louis, de Podor & de Galam, & avec tous les droits & dépendances de ladite rivière de Sénégal.

X I.

DANS les Indes orientales, la Grande-Bretagne restituera à la France, dans l'état où ils sont aujourd'hui,

les

les différens comptoirs que cette Couronne poffédoit, tant fur la côte de Coromandel & d'Orixa, que fur celle de Malabar, ainfi que dans le Bengale, au commencement de l'année 1749 ; & Sa Majefté Très-Chrétienne renonce à toute prétention aux acquifitions qu'Elle avoit faites fur la côte de Coromandel & d'Orixa, depuis ledit commencement de l'année 1749. Sa Majefté Très-Chrétienne reftituera de fon côté tout ce qu'Elle pourroit avoir conquis fur la Grande-Bretagne, dans les Indes orientales, pendant la préfente guerre, & fera reftituer nommément Nattal & Tapanooly dans l'ifle de Sumatra : Elle s'engage de plus à ne point ériger de fortifications, & à ne point entretenir de troupes dans aucune partie des États du Soubab de Bengale ; & afin de conferver la paix future fur la côte de Coromandel & d'Orixa, les François & les Anglois reconnoîtront Mahomet Aly-Khan pour légitime Nabab du Carnate, & Salabat Jing pour légitime Soubab du Decan ; & les deux Parties renonceront à toute demande ou prétention de fatisfaction qu'Elles pourroient former à la charge l'une de l'autre, ou à celle de leurs Alliés Indiens, pour les déprédations ou dégâts commis, foit d'un côté, foit de l'autre, pendant la guerre.

X I I.

L'ISLE de Minorque fera reftituée à Sa Majefté

C

Britannique, ainfi que le fort Saint-Philippe, dans le même état où ils fe font trouvés, lorfque la conquête en a été faite par les armes du Roi Très-Chrétien, & avec l'artillerie qui y étoit lors de la prife de ladite Ifle & dudit Fort.

X I I I.

LA ville & le port de Dunkerque feront mis dans l'état fixé par le dernier Traité d'Aix-la-Chapelle, & par les Traités antérieurs. La cunette fera détruite immédiatement après l'échange des ratifications du préfent Traité, ainfi que les forts & batteries qui défendent l'entrée du côté de la mer; & il fera pourvû en même temps à la falubrité de l'air & à la fanté des habitans par quelque autre moyen, à la fatisfaction du Roi de la Grande-Bretagne.

X I V.

LA FRANCE reftituera tous les pays appartenans à l'Électorat d'Hanovre, au Landgrave de Heffe, au Duc de Brunfwick & au Comte de la Lippe-Buckebourg, qui fe trouvent ou fe trouveront occupés par les armes de Sa Majefté Très-Chrétienne. Les places de ces différens pays feront rendues dans le même état où elles étoient quand la conquête en a été faite par les armes Françoifes; & les pièces d'artillerie qui auront été tranfportées ailleurs, feront remplacées par le même nombre, de même calibre, poids & métal.

X V.

EN cas que les ftipulations contenues dans l'article XIII des Préliminaires, ne fuffent pas accomplies lors de la fignature du préfent Traité, tant par rapport aux évacuations à faire par les armées de la France, des places de Clèves, de Wéfel, de Gueldres & de tous les pays appartenans au Roi de Pruffe, que par rapport aux évacuations à faire par les armées Françoife & Britannique, des pays qu'elles occupent en Weftphalie, Baffe-Saxe, fur le Bas-Rhin, le Haut-Rhin & dans tout l'Empire, & à la retraite des troupes dans les États de leurs Souverains refpectifs, Leurs Majeftés Très-Chrétienne & Britannique promettent de procéder de bonne foi avec toute la promptitude que le cas pourra permettre, auxdites évacuations, dont Elles ftipulent l'accompliffement parfait avant le 15 de Mars prochain, ou plus tôt, fi faire fe peut ; & Leurs Majeftés Très-Chrétienne & Britannique s'engagent de plus, & fe promettent de ne fournir aucun fecours, dans aucun genre, à leurs Alliés refpectifs, qui refteront engagés dans la guerre d'Allemagne.

X V I.

LA décifion des prifes faites, en temps de paix, par les Sujets de la Grande-Bretagne fur les Efpagnols, fera remife aux Cours de juftice de l'Amirauté de la

Grande-Bretagne, conformément aux règles établies parmi toutes les Nations; de sorte que la validité defdites prises entre les Nations Espagnole & Britannique, sera décidée & jugée selon le droit des Gens & selon les Traités, dans les Cours de justice de la Nation qui aura fait la capture.

X V I I.

SA MAJESTÉ Britannique fera démolir toutes les fortifications que ses Sujets pourront avoir érigées dans la baye de Honduras, & autres lieux du territoire de l'Espagne, dans cette partie du monde, quatre mois après la ratification du présent Traité; & Sa Majesté Catholique ne permettra point que les Sujets de Sa Majesté Britannique, ou leurs ouvriers, soient inquiétés ou molestés, sous aucun prétexte que ce soit, dans lesdits lieux, dans leur occupation de couper, charger & transporter le bois de teinture ou de campêche; & pour cet effet, ils pourront bâtir sans empêchement, & occuper sans interruption les maisons & les magasins qui sont nécessaires pour eux, pour leurs familles & pour leurs effets; & Sa Majesté Catholique leur assûre par cet article l'entière jouissance de ces avantages & facultés sur les côtes & territoires Espagnols, comme il est stipulé ci-dessus, immédiatement après la ratification du présent Traité.

XVIII.

SA MAJESTÉ Catholique fe défifte, tant pour Elle que pour fes Succeffeurs, de toute prétention qu'Elle peut avoir formée en faveur des Guipufcoans, & autres de fes Sujets, au droit de pêcher aux environs de l'ifle de Terre-neuve.

XIX.

LE ROI de la Grande-Bretagne reftituera à l'Efpagne tout le territoire qu'Il a conquis dans l'ifle de Cuba, avec la place de la Havane; & cette place, auffi-bien que toutes les autres places de ladite ifle, feront rendues dans le même état où elles étoient quand elles ont été conquifes par les armes de Sa Majefté Britannique: bien entendu que les Sujets de Sa Majefté Britannique qui fe feroient établis, ou ceux qui auroient quelques affaires de commerce à régler dans ladite Ifle reftituée à l'Efpagne par le préfent Traité, auront la liberté de vendre leurs terres & leurs biens, de régler leurs affaires, de recouvrer leurs dettes & de tranfporter leurs effets ainfi que leurs perfonnes, à bord des Vaiffeaux qu'il leur fera permis de faire venir à ladite Ifle reftituée, comme deffus, & qui ne ferviront qu'à cet ufage feulement, fans être gênés à caufe de leur Religion, ou fous quelque autre prétexte que ce puiffe être, hors celui de dettes ou de procès criminels; & pour cet effet, le terme de dix-huit mois eft accordé aux Sujets de Sa Majefté Britannique, à compter du jour de l'échange des ratifications du préfent Traité. Mais comme la liberté accordée aux Sujets de Sa Majefté Britannique, de tranfporter leurs perfonnes & leurs effets fur des Vaiffeaux de leur Nation, pourroit être fujette à des abus, fi l'on ne prenoit la précaution de les prévenir, il a été convenu expreffément entre Sa Majefté Catholique & Sa Majefté Britannique, que le nombre des Vaiffeaux anglois, qui auront la liberté d'aller à ladite Ifle reftituée à l'Efpagne, fera limité, ainfi que le nombre de tonneaux de chacun; qu'ils iront en left, partiront dans un terme fixé, & ne feront qu'un feul voyage, tous les effets appartenans aux Anglois devant être embarqués en même temps. Il a été convenu en outre, que Sa Majefté Catholique fera donner les paffeports néceffaires pour lefdits Vaiffeaux; que pour plus grande fûreté, il fera libre de mettre deux Commis ou Gardes efpagnols fur chacun defdits Vaiffeaux, qui feront vifités dans les attérages & ports de ladite Ifle reftituée à l'Efpagne, & que les marchandifes, qui s'y pourront trouver, feront confifquées.

X X.

En conféquence de la reftitution ftipulée dans l'article précédent, Sa Majefté Catholique céde & garantit, en

toute propriété, à Sa Majesté Britannique la Floride,
avec le fort Saint-Augustin & la baye de Pensacola,
ainsi que tout ce que l'Espagne possède sur le continent
de l'Amérique septentrionale, à l'est ou au sud-est du
fleuve Mississipi, & généralement tout ce qui dépend
desdits pays & terres, avec la souveraineté, propriété,
possession & tous droits acquis par Traités, ou autrement, que le Roi Catholique & la Couronne d'Espagne
ont eus jusqu'à présent sur lesdits pays, terres, lieux &
leurs habitans, ainsi que le Roi Catholique céde &
transporte le tout audit Roi & à la Couronne de la
Grande-Bretagne, & cela de la manière & dans la
forme la plus ample. Sa Majesté Britannique convient,
de son côté, d'accorder aux habitans des pays ci-dessus
cédés la liberté de la religion Catholique; en conséquence Elle donnera les ordres les plus exprès & les
plus effectifs, pour que ses nouveaux sujets Catholiques Romains puissent professer le culte de leur Religion, selon le rit de l'Église Romaine, en tant que
le permettent les loix de la Grande-Bretagne. Sa
Majesté Britannique convient en outre que les habitans
Espagnols, ou autres, qui auroient été Sujets du Roi
Catholique dans lesdits pays, pourront se retirer, en toute
sûreté & liberté, où bon leur semblera, & pourront
vendre leurs biens, pourvû que ce soit à des Sujets
de Sa Majesté Britannique, & transporter leurs effets,

ainſi que leurs perſonnes, ſans être gênés dans leur émigration, ſous quelque prétexte que ce puiſſe être, hors celui de dettes ou de procès criminels; le terme limité pour cette émigration étant fixé à l'eſpace de dix-huit mois, à compter du jour de l'échange des ratifications du préſent Traité. Il eſt de plus ſtipulé, que Sa Majeſté Catholique aura la faculté de faire tranſporter tous les effets qui peuvent lui appartenir, ſoit artillerie ou autres.

X X I.

LES Troupes françoiſes & eſpagnoles évacueront tous les territoires, campagnes, villes, places & châteaux de Sa Majeſté Très-Fidèle en Europe, ſans réſerve aucune, qui pourront avoir été conquis par les armées de France & d'Eſpagne, & les rendront dans le même état où ils étoient quand la conquête en a été faite, avec la même artillerie & les munitions de guerre qu'on y a trouvées. Et à l'égard des colonies Portugaiſes en Amérique, Afrique, ou dans les Indes Orientales, s'il y étoit arrivé quelque changement, toutes choſes ſeront remiſes ſur le même pied où elles étoient, & en conformité des Traités précédens, qui ſubſiſtoient entre les Cours de France, d'Eſpagne & de Portugal, avant la préſente guerre.

X X I I.

TOUS les papiers, lettres, documens & archives qui

qui fe font trouvés dans les pays, terres, villes & places
qui font reftitués, & ceux appartenans aux pays cédés,
feront délivrés ou fournis refpeƈtivement & de bonne
foi, dans le même temps, s'il eft poffible, de la prife
de poffeffion, ou, au plus tard, quatre mois après
l'échange des ratifications du préfent Traité, en quelque lieu que lefdits papiers ou documens puiffent fe
trouver.

XXIII.

TOUS les pays & territoires qui pourroient avoir
été conquis, dans quelque partie du monde que ce foit,
par les armes de Leurs Majeftés Très-Chrétienne &
Catholique, ainfi que par celles de Leurs Majeftés
Britannique & Très-Fidèle, qui ne font pas compris
dans le préfent Traité, ni à titre de ceffions, ni à titre
de reftitutions, feront rendus fans difficulté, & fans
exiger de compenfations.

XXIV.

COMME il eft néceffaire de défigner une époque
fixe pour les reftitutions & les évacuations à faire par
chacune des Hautes Parties contraƈtantes, il eft convenu
que les Troupes françoifes & britanniques complet-
teront avant le 15 de Mars prochain tout ce qui reftera
à exécuter des articles XII & XIII des Préliminaires
fignés le 3.ᵉ jour de Novembre paffé, par rapport à
l'évacuation à faire dans l'Empire ou ailleurs.

D

L'ifle de Belle-ifle fera évacuée fix femaines après l'échange des ratifications du préfent Traité, ou plus tôt fi faire fe peut.

La Guadeloupe, la Defirade, Marie-Galante, la Martinique & Sainte-Lucie, trois mois après l'échange des ratifications du préfent Traité, ou plus tôt fi faire fe peut.

La Grande-Bretagne entrera pareillement au bout de trois mois après l'échange des ratifications du préfent Traité, ou plus tôt fi faire fe peut, en poffeffion de la rivière & du port de la Mobile, & de tout ce qui doit former les limites du territoire de la Grande-Bretagne du côté du fleuve de Miffiffipi, telles qu'elles font fpécifiées dans l'article VII.

L'ifle de Gorée fera évacuée, par la Grande-Bretagne, trois mois après l'échange des ratifications du préfent Traité; & l'ifle de Minorque, par la France, à la même époque, ou plus tôt fi faire fe peut: & felon les conditions de l'article VI, la France entrera de même en poffeffion des ifles de Saint-Pierre & de Miquelon, au bout de trois mois après l'échange des ratifications du préfent Traité.

Les Comptoirs aux Indes orientales feront rendus fix mois après l'échange des ratifications du préfent Traité, ou plus tôt fi faire fe peut.

La place de la Havane, avec tout ce qui a été

conquis dans l'isle de Cuba, sera restitué trois mois
après l'échange des ratifications du présent Traité, ou
plus tôt si faire se peut; & en même temps la Grande-
Bretagne entrera en possession du pays cédé par l'Espagne, selon l'article XX.

Toutes les places & pays de Sa Majesté Très-
Fidèle en Europe, seront restitués immédiatement après
l'échange des ratifications du présent Traité; & les
Colonies portugaises qui pourront avoir été conquises,
seront restituées dans l'espace de trois mois dans les
Indes occidentales, & de six mois, dans les Indes orientales, après l'échange des ratifications du présent Traité,
ou plus tôt si faire se peut. Toutes les places dont la
restitution est stipulée ci-dessus, seront rendues avec
l'artillerie & les munitions qui s'y sont trouvées lors
de la conquête; en conséquence de quoi les ordres
nécessaires seront envoyés, par chacune des Hautes
Parties contractantes, avec les passeports réciproques
pour les Vaisseaux qui les porteront, immédiatement
après l'échange des ratifications du présent Traité.

X X V.

SA MAJESTÉ Britannique, en sa qualité d'Électeur
de Brunswick-Lunebourg, tant pour lui que pour ses
héritiers & successeurs, & tous les États & possessions
de Sadite Majesté en Allemagne, sont compris &
garantis par le présent Traité de Paix.

X X V I.

Leurs facrées Majeftés Très-Chrétienne, Catholique, Britannique & Très-Fidèle, promettent d'obferver fin-cèrement & de bonne foi, tous les articles contenus & établis dans le préfent Traité, & Elles ne fouffriront pas qu'il y foit fait de contravention directe ou indi-recte par leurs Sujets refpectifs : Et les fufdites Hautes Parties contractantes fe garantiffent généralement & ré-ciproquement toutes les ftipulations du préfent Traité.

X X V I I.

Les ratifications folemnelles du préfent Traité, expédiées en bonne & dûe forme, feront échangées en cette ville de Paris, entre les Hautes Parties con-tractantes, dans l'efpace d'un mois, ou plus tôt s'il eft poffible, à compter du jour de la fignature du préfent Traité.

En foi de quoi, Nous fouffignés, leurs Ambaffadeurs extraordinaires & Miniftres plénipotentiaires, avons figné de notre main, en leur nom, & en vertu de nos plein-pouvoirs, le préfent Traité définitif, & y avons fait appofer le cachet de nos armes.

Fait à Paris le dix de février mil fept cent foixante-trois.

CHOISEUL DUC DE PRASLIN. EL MARQUES DE GRIMALDI. BEDFORD C. P. S.
   (L. S.)   (L. S.)   (L. S.)

ARTICLES SÉPARÉS.

I.

QUELQUES-UNS des Titres employés par les Puiſſances contraétantes, ſoit dans les Plein-pouvoirs &
autres aétes, pendant le cours de la négociation, ſoit
dans le préambule du préſent Traité, n'étant pas généralement reconnus, il a été convenu qu'il ne pourroit
jamais en réſulter aucun préjudice pour aucune deſdites
Parties contraétantes, & que les Titres pris ou omis
de part & d'autre, à l'occaſion de ladite négociation
& du préſent Traité, ne pourront être cités ni tirés
à conſéquence.

I I.

IL a été convenu & arrêté que la Langue françoiſe
employée dans tous les exemplaires du préſent Traité,
ne formera point un exemple qui puiſſe être allégué,
ni tiré à conſéquence, ni porter préjudice en aucune
manière à aucune des Puiſſances contraétantes; & que
l'on ſe conformera à l'avenir à ce qui a été obſervé
& doit être obſervé, à l'égard & de la part des Puiſſances qui ſont en uſage & en poſſeſſion de donner &
de recevoir des exemplaires de ſemblables Traités, en
une autre langue que la françoiſe: le préſent Traité
ne laiſſant pas d'avoir la même force & vertu que ſi
le ſuſdit uſage y avoit été obſervé.

D iij

I I I.

QUOIQUE le Roi de Portugal n'ait pas figné le préfent Traité définitif, Leurs Majeftés Très-Chrétienne, Catholique & Britannique reconnoiffent néanmoins que Sa Majefté Très-Fidèle y eft formellement comprife, comme Partie contractante, & comme fi Elle avoit expreffément figné ledit Traité. En conféquence, Leurs Majeftés Très-Chrétienne, Catholique & Britannique s'engagent refpectivement & conjointement avec Sa Majefté Très-Fidèle, de la façon la plus expreffe & la plus obligatoire, à l'exécution de toutes & chacune des claufes contenues dans ledit Traité, moyennant fon acte d'acceffion.

Les préfens articles féparés auront la même force que s'ils étoient inférés dans le Traité.

EN foi de quoi, Nous fouffignés, Ambaffadeurs extraordinaires & Miniftres plénipotentiaires de Leurs Majeftés Très-Chrétienne, Catholique & Britannique, avons figné les préfens articles féparés, & y avons fait appofer le cachet de nos armes.

FAIT à Paris, le dix de février mil fept cent foixante-trois.

CHOISEUL DUC DE PRASLIN. EL MARQUES DE GRIMALDI. BEDFORD C. P. S.
(L. S.)   *(L. S.)*   *(L. S.)*

NOUS, ayant agréables les fufdits Traité définitif de paix, & articles féparés, en tous

& chacuns les points & articles qui y font contenus & déclarés, avons iceux, tant pour nous que pour nos héritiers , fucceffeurs , royaumes, pays, terres, feigneuries & fujets, accepté, approuvé, ratifié & confirmé; & par ces préfentes fignées de notre main, acceptons, approuvons, ratifions & confirmons; & le tout promettons en foi & parole de Roi, fous l'obligation & hypothéque de tous & un chacun nos biens, préfens & à venir, garder & obferver inviolablement, fans jamais aller ni venir au contraire, directement ou indirectement, en quelque forte & manière que ce foit. En témoin de quoi nous avons fait mettre notre fcel à ces préfentes. DONNÉ à Verfailles le vingt-troifième jour du mois de février, l'an de grace mil fept cent foixante-trois, & de notre règne le quarante-huitième. *Signé* LOUIS. *Et plus bas,* Par le Roi, LE DUC DE CHOISEUL.

Scellé du grand fceau de cire jaune, fur

lacs de soie bleue, treffés d'or, le sceau enfermé dans une boîte d'argent, sur le dessus de laquelle sont empreintes & gravées les armes de France & de Navarre, sous un pavillon royal, soûtenu par deux anges.

RATIFICATION du Roi d'Espagne.

DON CARLOS, por la gracia de Dios, Rey de Castilla, de Leon, de Aragon, de las dos Sicilias, de Jerusalem, de Navarra, de Granada, de Toledo, de Valencia, de Galicia, de Mallorca, de Sevilla, de Cerdeña, de Cordova, de Corcega, de Murcia, de Jaën, de los Algarves, de Algecira, de Gibraltar, de las Islas de Canaria, de las Indias orientales y occidentales, Islas y tierra firme del mar Oceano; Archiduque de Austria, Duque de Borgoña, de Brabante y de Milan; Conde de Abspurg, de Flandes, del Tirol y de Barcelona; Señor de Viscaya y de Molina, &c. Por quanto, en consequencia de los Preliminares de Paz entre mi Corona y la de Francia de una parte, la de Inglaterra y Portugal de otra, firmados en el Real sitio de Fontainebleau el dia

tres

tres de noviembre del año pasado de mil setecientos sesenta y dos por el Marques de Grimaldi con mis Plenospoderes, por el Duque de Praslin con los del Rei Christianismo, y por el Duque de Bedford con los del Rei Britanico a que con los del Rei Fidelisimo se accedio el dia veinte y dos del mismo mes por Don Martin de Mello y Castro, y cuyas ratificaciones se cangearon despues en el tiempo y forma debida, han trabajado succesivamente estos mismos Plenipotenciarios al ajuste de un Tratado de Paz definitivo y logrado, felizmente concluirle, firmandole los de España, Francia, y Inglaterra, accediendo el de Portugal, y admitiendo cada qual de los otros tres su accesion; el tenor del qual Tratado, articulos que comprende, y separados es el siguiente.

Fiat insertio.

Por tanto, haviendo visto y examinado el referido Tratado, los veinte y siete articulos que comprende, y los tres separados que se le siguen, he venido en aprobar y ratificar quanto el y ellos contienen, como en virtud de la presente lo apruebo y ratifico en la mejor y mas amplia forma que puedo; prometiendo en fé y palabra de Rei de cumplirlo y observarlo, hacer que se cumpla

E

y obferve interamente, como fi yo mifmo lo hubiefe hecho y firmado. En fé de lo qual mandé defpachar la prefente firmada de mi mano, fellada con mi fello fecreto, y refrendada de mi infrafcrito confexero de Eftado, y primer Secretario del defpacho de Eftado y de la guerra. En el Pardo à veinte y cinco de febrero de mil fetecientos fefenta y tres.

(L. S.) *YO EL REY.*

RICARDO WALL.

RATIFICATION
du Roi de la Grande-Bretagne.

GEORGIUS tertius, Dei gratiâ, Magnæ-Britanniæ, Franciæ & Hiberniæ Rex, fidei defenfor, Dux Brunfvicenfis & Luneburgenfis, Sacri Romani Imperii Archi-thefaurarius & Princeps Elector, &c. Omnibus & fingulis, ad quos præfentes hæ litteræ pervenerint, Salutem. Quandoquidem Tractatus quidam definitivus Pacis unà cum tribus articulis feparatis, eòdem fpectantibus, inter nos & bonos fratres noftros Regem Chriftianiffimum ac Regem Catholicum, per Legatos extraordinarios & Miniftros plenipotentiarios, hinc indè fufficienti authoritate munitos, apud Lutetiam Parifiorum, die decimo præfentis menfis februarii, conclufus fignatufque fuerit, formâ & verbis quæ fequuntur.

Fiat infertio.

Nos, vifis perpenfifque Pacis Tractatu defini-tivo & articulis feparatis fuprà fcriptis, eofdem in omnibus & fingulis eorumdem articulis & claufulis, approbavimus, ratos, gratos firmofque habuimus, ficut per præfentes pro nobis, hæredibus & fuccefforibus noftris, eofdem approbamus, ratos, gratos, firmofque habemus, fpondentes & in verbo regio pro-mittentes, nos omnia & fingula, quæ in Tractatu & articulis feparatis prædictis continentur, fanctè & inviolabiliter præftituros & obfervaturos, neque per-miffuros unquam, quantum in nobis eft, ut à quopiam violentur, aut ullo modo iifdem contraveniatur. In quorum omnium majorem fidem & robur, hifce præ-fentibus manu noftrâ regiâ fignatis, magnum noftrum Magnæ - Britanniæ figillum appendi fecimus. Quæ dabantur in palatio noftro Divi Jacobi, vicefimo primo die februarii, anno Domini millefimo feptingentefimo fexagefimo tertio, regnique noftri tertio.

GEORGIUS R.

E ij

DÉCLARATION
Du Ministre plénipotentiaire du Roi,
concernant les dettes du Canada.

LE ROI de la Grande-Bretagne ayant défiré
que le payement des Lettres de change & Billets
qui ont été délivrés aux Canadiens, pour les
fournitures faites aux Troupes françoifes, fût
affuré; Sa Majefté Très-Chrétienne, très-difpofée
à rendre à chacun la juftice qui lui eft légitimement
dûe, a déclaré & déclare que lefdits Billets &
Lettres de change feront exactement payés, d'après
une liquidation faite dans un temps convenable,
felon la diftance des lieux & la poffibilité; en évitant
néanmoins que les Billets & Lettres de change,
que les Sujets françois pourroient avoir au moment
de cette déclaration, ne foient confondus avec
les Billets & Lettres de change qui font dans la
poffeffion des nouveaux Sujets du Roi de la
Grande-Bretagne.

EN foi de quoi, Nous, Miniftre fouffigné de
Sa Majefté Très-Chrétienne, à ce dûement autorifé,

avons figné la préfente déclaration, & à icelle fait appofer le cachet de nos armes.

DONNÉ à Paris le dix de février mil fept cent foixante-trois.

(L. S.) CHOISEUL DUC DE PRASLIN.

DÉCLARATION

De l'Ambaffadeur extraordinaire & Mi-niftre plénipotentiaire de Sa Majefté Britannique, concernant les limites du Bengale dans les Indes orientales.

NOUS fouffigné, Ambaffadeur extraordinaire & plénipotentiaire du Roi de la Grande-Bretagne, pour prévenir tout fujet de conteftation à l'occafion des limites des États du Subab de Bengale, ainfi que de la côte de Coromandel & d'Orixa, dé-clarons, au nom & par ordre de Sadite Majefté Britannique, que lefdits États du Subab de Bengale feront cenfés ne s'étendre que jufqu'à Yanaon exclufivement, & qu'Yanaon fera regardé comme

E iij

compris dans la partie feptentrionale de la côte de Coromandel ou d'Orixa.

En foi de quoi, Nous, fouffigné Miniftre plé-nipotentiaire de Sa Majefté le Roi de la Grande-Bretagne, avons figné la préfente déclaration, & y avons fait appofer le cachet de nos armes.

Fait à Paris le dix de février mil fept cent foixante-trois.

BEDFORT. C. P. S. (L. S.)

PLEIN-POUVOIR DU ROI.

LOUIS, PAR LA GRACE DE DIEU, ROI DE FRANCE ET DE NAVARRE: A tous ceux qui ces préfentes lettres verront; SALUT. Comme les Préliminaires, fignés à Fontainebleau le 3 Novembre de l'année dernière, ont pofé les fon-demens de la Paix, rétablie entre nous & notre très-cher & très-amé bon frère & coufin, le Roi d'Efpagne, d'une part; & notre très-cher & très-amé bon frère, le Roi de la Grande-Bretagne; & notre très-cher & très-amé bon frère & coufin, le Roi de Portugal, de l'autre; Nous n'avons rien eu plus à cœur, depuis cette heureufe époque, que de confolider & affermir, de la façon la plus durable, un fi falutaire & fi important ouvrage, par un Traité folennel & définitif entre nous & lefdites Puiffances. POUR CES CAUSES, & autres bonnes confidérations à ce nous mouvant, nous confiant entièrement en la capacité & expérience, zèle & fidélité pour notre fervice, de notre très-cher & bien amé coufin Céfar-Gabriel de Choifeul, Duc de Praflin, Pair de France, Chevalier de nos Ordres, Lieutenant général de nos armées & de la province de Bretagne, Confeiller en tous nos Confeils, & Miniftre & Secrétaire d'État & de nos commandemens & finances, Nous l'avons nommé, commis & député; & par ces préfentes fignées de notre main, le nommons, commettons & députons notre Miniftre plénipotentiaire, lui donnant plein & abfolu pouvoir d'agir en cette qualité, & de conférer, négocier, traiter & con-venir, conjointement avec le Miniftre plénipo-tentiaire de notre très-cher & bien amé bon frère & coufin, le Roi d'Efpagne; le Miniftre plénipo-tentiaire de notre très-cher & très-amé bon frère, le Roi de la Grande-Bretagne; & le Miniftre

plénipotentiaire de notre très-cher & très-amé
bon frère & coufin le Roi de Portugal, revêtus de
plein-pouvoirs en bonne forme, arrêter, conclurre
& figner tels articles, conditions, conventions,
déclarations, Traité définitif, acceffions & autres
actes quelconques, qu'il jugera convenables pour
affurer & affermir le grand ouvrage de la paix ;
le tout avec la même liberté & autorité que nous
pourrions faire nous-mêmes, fi nous y étions préfens
en perfonne, encore qu'il y eût quelque chofe qui
requît un mandement plus fpécial qu'il n'eft con-
tenu dans ces préfentes : Promettant, en foi &
parole de Roi, d'avoir agréable, tenir ferme &
ftable à toûjours, accomplir & exécuter ponctuel-
lement tout ce que notredit coufin, le Duc de
Praflin, aura ftipulé & figné en vertu du préfent
plein-pouvoir, fans jamais y contrevenir, ni permettre qu'il y foit contrevenu, pour quelque caufe
& fous quelque prétexte que ce puiffe être ; comme
auffi d'en faire expédier nos lettres de ratification
en bonne forme, & de les faire délivrer pour être
échangées dans le temps dont il fera convenu :
CAR TEL EST NOTRE PLAISIR. En témoin
de quoi nous avons fait mettre notre fcel à ces
préfentes.

préfentes. DONNÉ à Verſailles le ſeptième jour du mois de février, l'an de grace mil ſept cent ſoixante-trois, & de notre règne le quarante-huitième. *Signé* LOUIS. *Et ſur le repli,* Par le Roi, LE DUC DE CHOISEUL. Et ſcellé du grand ſceau de cire jaune.

PLEIN-POUVOIR du Roi d'Eſpagne.

DON CARLOS, por la gracia de Dios, Rey de Caſtilla, de Leon, de Aragon, de las dos Sicilias, de Jeruſalem, de Navarra, de Granada, de Toledo, de Valencia, de Galicia, de Mallorca, de Sevilla, de Cerdeña, de Cordova, de Corcega, de Murcia, de Jaën, de los Algarbes, de Algecira, de Gibraltar, de las Iſlas de Canaria, de las Indias Orientales, y Occidentales, Iſlas y Tierra firme del Mar oceano; Archiduque de Auſtria, Duque de Borgoña, de Brabante, y de Milan; Conde de Abſpurg, de Flandes, del Tirol, y de Barcelona; Señor de Viſcaya, y de Molina, &c. Por quanto haviendoſe concluido y firmado en el real ſitio de Fontainebleau el dia tres de noviembre del preſente año, y cangeadoſe las reſpectivas ratificaciones el veinte y dos del miſmo mes, por Miniſtros autorizados â eſte fin, los Preliminares de una Paz

F

*folida y duradera entre efta Corona y la de Francia
de una parte, la de Inglaterra y la de Portugal de
otra; en los quales fe promete venir luego à un Tratado definitivo, eftableciendo, y arreglando los punctos
capitales fobre que ha de girar; y refpecto à que del
mifmo modo que concedi mi Plenopoder para tratar,
ajuftar y firmar los mencionados Preliminares à vos
Don Geronimo Grimaldi, Marques de Grimaldi, Ca-
ballero de la Orden de Sancti Spiritus, mi Gentilhombre
de Camara con exercicio, y mi Embaxador Extraordinario al Rey Chriftianiffimo, fe necefita que à vos,
ò à otro le conceda para tratar, ajuftar, y firmar el
mencionado prometido Tratado definitivo de Paz: Por
tanto, eftando vos el citado Don Geronimo Grimaldi,
Marques de Grimaldi en el parage neceffario, y teniendo
yo cada dia mas motibos para fiaros efta y otras tales
importancias de mi Corona, por vueftra acrifolada
fidelidad y zelo, capacidad y prudencia; he venido
en conftituiros mi Miniftro Plenipotenciario, y en
concederos toto mi Plenopoder para que en mi
nombre, y reprefentando mi propria perfona, trateis,
arregleis, convengais, y firmeis dicho Tratado definitivo
de Paz, entre mi Corona y la de Francia de una parte,
la de Inglaterra y la de Portugal de otra, con los
Miniftros que eftubieren autorizados igual y efpecial-*

mente por sus respectivos soberanos al mismo fin, dando, como doi desde a hora por grato y rato todo lo que así trateis, concluyais y firmeis; y ofreciendo bajo mi palabra real, que lo observare y cumplire, lo hare observar y complir como si por mi mismo lo huviese tratado, concluido y firmado. En fé de lo qual hize expedir el presente firmado de mi mano, sellado con mi sello secreto, y refrendado de mi infra scrito Consejero de Estado y mi primer Secretario del Despacho de Estado y de la guerra. En Buen retiro à diez de diciembre de mil setecientos sesenta y dos.

(L. S.) Y O E L R E Y.

R I C A R D O W A L L.

PLEIN-POUVOIR
du Roi de la Grande-Bretagne.

G EORGIUS *tertius, Dei gratiâ, Magnæ-Britanniæ, Franciæ & Hiberniæ Rex, fidei defensor, Dux Brunsvicensis & Luneburgensis, Sacri Romani Imperii Archi-thesaurarius & Princeps Elector, &c. Omnibus & singulis, ad quos præsentes hæ litteræ pervenerint, Salutem. Cùm ad pacem perficiendam inter nos & bonum fratrem nostrum, Regem Fidelissimum, ex unâ*

F ij

parte, & bonos fratres noſtros Reges, Chriſtianiſſimum
& Catholicum, ex alterâ, quæ jam, ſignatis apud
Fontainebleau die menſis currentis tertio Articulis
Preliminariis, feliciter inchoata eſt, eamque ad finem
exoptatum perducendam, virum aliquem idoneum ex
noſtrâ parte, plenâ auctoritate munire nobis è re viſum
ſit; ſciatis quod nos, fide, judicio, atque in rebus
maximi momenti tractandis uſu ac ſolertiâ, perdilecti
& perquàm fidelis, conſanguinei & Conſiliarii noſtri,
Johannis Ducis & Comitis de Bedford, Marchionis
de Taviſtock, Baronis Ruſſel de Cheneys, Baronis
Ruſſel de Thornhaugh, & Baronis Howland de
Streatham, Exercituum noſtrorum Locumtenentis ge-
neralis, privati noſtri ſigilli Cuſtodis, comitatuum
Bedfordiæ & Devoniæ Locumtenentis, & Cuſtodis
rotulorum, nobiliſſimi ordinis noſtri periſcelidis Equitis,
& Legati noſtri Extraordinarii & Plenipotentiarii,
apud bonum fratrem noſtrum Regem Chriſtianiſſimum,
plurimùm confiſi, eundem nominavimus, fecimus, conſti-
tuimus & ordinavimus, quemadmodum per præſentes
nominamus, facimùs, conſtituimus & ordinamus, verum,
certum & indubitatum Miniſtrum, Commiſſarium, De-
putatum, Procuratorem & Plenipotentiarium noſtrum,
dantes eidem omnem & omnimodam poteſtatem, facul-
tatem, auctoritatemque, necnon mandatum generale,

pariter ac speciale, (ita tamen ut generale speciali non deroget, nec è contra) pro nobis & nostro nomine, unà cum Legatis, Commissariis, Deputatis & Plenipotenciariis Principum, quorum interesse poterit, sufficienti itidem potestate atque auctoritate instructis, tam singulatim ac divisim, quàm aggregatim ac conjunctim, congrediendi & colloquendi atque cum ipsis de pace firmâ & stabili, sincerâque amicitiâ & concordiâ, quantociùs restituendis, conveniendi, tractandi, consulendi & concludendi, idque omne, quod ita conventum & conclusum fuerit, pro nobis & nostro nomine subsignandi, atque tractatum tractatusve, super ita conventis & conclusis conficiendi, omniaque alia, quæ ad opus supradictum feliciter exequendum pertinent, transigendi, tam amplis modo & formâ, ac vi effectuque pari, ac nos, si interessemus, facere & præstare possemus; spondentes, & in verbo Regio promittentes, nos omnia & singula quæcumque à dicto nostro Plenipotenciario, transigi & concludi contigerit, grata, rata & accepta, omni meliori modo, habituros, neque passuros unquam, ut in toto, vel in parte, à quopiam violentur, aut ut eis in contrarium eatur. In quorum omnium majorem fidem & robur, præsentibus manu nostrâ Regiâ signatis, magnum nostrum Magnæ-Britanniæ sigillum appendi fecimus. Quæ dabantur in Palatio noſtro divi Jacobi, die duodecimo menſis novembris anno Domini milleſimo ſeptingenteſimo ſexageſimo ſecundo, regnique noſtri tertio.

GEORGIUS R.

ACCESSION *du Roi de Portugal.*

LOUIS, PAR LA GRACE DE DIEU, ROI DE FRANCE ET DE NAVARRE: A tous ceux qui ces préſentes lettres verront; SALUT. Comme notre très-cher & bien amé couſin, le Duc de Praſlin, Pair de France, Chevalier de nos Ordres, Lieutenant général de nos armées & de notre province de Bretagne, Conſeiller en tous nos Conſeils, & Miniſtre & Secrétaire d'État & de nos Commandemens & finances, en vertu du Plein-pouvoir que nous lui en avons donné, auroit conclu, arrêté & ſigné le 10 du préſent mois de février, avec le ſieur de Mello y Caſtro, Chevalier-Profès de l'Ordre de Chriſt, du Conſeil de notre très-cher & très-amé frère & couſin, le Roi de Portugal, & ſon Ambaſſadeur & Miniftre plénipotentiaire près de nous, pareillement muni de fon Plein-pouvoir, un acte contenant d'une part, l'acceffion de notre-dit frère & coufin, le Roi de Portugal, au Traité définitif de Paix & articles féparés, conclus & fignés à Paris le même jour 10 de février, en notre nom & en celui de notre très-cher & très-amé frère & coufin, le Roi d'Efpagne, & de notre très-cher & très-amé frère le Roi de la Grande-Bretagne; & de l'autre, l'acceptation faite en notre nom de ladite acceffion, duquel acte la teneur s'enfuit.

Au nom de la très-fainte & indivifible Trinité, Père, Fils & Saint-Efprit. Ainfi foit-il.

SOIT notoire à tous ceux qu'il appartiendra, ou peut appartenir. Les Ambaffadeurs & Miniftres plénipo-tentiaires de Sa Majefté Très-Chrétienne, de Sa Majefté Catholique, & de Sa Majefté Britannique, ayant conclu & figné à Paris le 10 de février de cette année, un Traité définitif de Paix, & des articles féparés, defquels la teneur s'enfuit.

Fiat infertio.

Et lefdits Ambaffadeurs & Plénipotentiaires, ayant

amiablement invité l'Ambaſſadeur & Miniſtre plénipotentiaire de Sa Majeſté Très-Fidèle, d'y accéder au
nom de Sadite Majeſté : Les Miniſtres plénipotentiaires
fouſſignés, ſavoir, de la part du ſéréniſſime & très-
puiſſant Prince LOUIS XV, par la grace de Dieu, Roi
de France & de Navarre, le très-illuſtre & très-excellent
Seigneur Céſar-Gabriel de Choiſeul, Duc de Praſlin,
Pair de France, Chevalier de ſes Ordres, Lieutenant
général de ſes armées & de la province de Bretagne,
Conſeiller en tous ſes Conſeils, & Miniſtre & Secrétaire
d'État & de ſes commandemens & finances : Et de
la part du ſéréniſſime & très - puiſſant Prince Dom
JOSEPH Ier, par la grace de Dieu, Roi de Portugal &
des Algarves, le très-illuſtre & très-excellent Seigneur
Martin de Mello y Caſtro , Chevalier - profès de
l'Ordre de Chriſt, du Conſeil de Sa Majeſté Très-
Fidèle, & ſon Ambaſſadeur & Miniſtre plénipotentiaire
près de Sa Majeſté Très-Chrétienne, en vertu de leurs
pleins-pouvoirs, qu'ils ſe ſont communiqués, & dont
copies ſeront ajoûtées à la fin du préſent acte, ſont
convenus de ce qui ſuit.

Sa Majeſté Très-Fidèle deſirant concourir au plus
prompt rétabliſſement de la Paix, accéde, en vertu du
préſent acte, auxdits Traité définitif & articles ſéparés,
tels qu'ils ſont tranſcrits ci-deſſus, ſans aucune réſerve
ni exception; dans la ferme confiance que tout ce qui
y eſt promis à Sadite Majeſté ſera accompli de bonne
foi :

foi : déclarant en même temps, & promettant d'accomplir avec une égale fidélité tous les articles, clauses & conditions qui la concernent.

De son côté, Sa Majesté Très-Chrétienne accepte la présente accession de Sa Majesté Très-Fidèle, & promet pareillement d'accomplir, sans aucune réserve ou exception, tous les articles, clauses & conditions contenus dans ledit Traité définitif, & les articles séparés, ci-dessus insérés.

Les ratifications du présent acte seront échangées dans l'espace d'un mois, à compter de ce jour, ou plus tôt si faire se peut.

En foi de quoi, Nous, Ministres plénipotentiaires de Sa Majesté Très-Chrétienne & de Sa Majesté Très-Fidèle, avons signé le présent acte; & y avons fait apposer le cachet de nos armes. FAIT à Paris le dix de février mil sept cent soixante-trois.

CHOISEUL DUC DE PRASLIN.   DE MELLO Y CASTRO.

(L. S.)   *(L. S.)*

Nous, ayant agréable le susdit acte d'accession & d'acceptation, en tous & chacuns les points & articles qui y sont contenus & déclarés, avons icelui, tant pour nous que pour nos héritiers, successeurs, royaumes, pays, terres,

G

seigneuries & sujets, accepté, approuvé, ratifié & confirmé, & par ces présentes signées de notre main, acceptons, approuvons, ratifions & confirmons; & le tout promettons, en foi & parole de Roi, garder sincèrement & inviolablement, sans jamais aller, ni souffrir qu'il soit allé au contraire, directement ou indirectement en quelque sorte & manière que ce soit, & pour quelque cause que ce puisse être. En témoin de quoi nous avons fait mettre notre scel à ces présentes. DONNÉ à Versailles le vingt-troisième jour du mois de février, l'an de grace mil sept cent soixante-trois, & de notre règne le quarante-huitième. *Signé* LOUIS. *Et plus bas,* Par le Roi, LE DUC DE CHOISEUL.

Scellé du grand sceau de cire jaune, sur lacs de soie bleue, tressés d'or, le sceau enfermé dans une boîte d'argent, sur le dessus de laquelle sont empreintes & gravées les armes de France & de Navarre, sous un pavillon royal, soûtenu par deux anges.

RATIFICATION du Roi de Portugal.

DOM *JOSEPH*, *por graça de Deus, Rey de Portugal, e dos Algarves, d'aquem, e d'alem Mar, em Africa Senhor de Guiné, e da Conquifta, Navegaçao', Comercio de Etiopia, Arabia, Perfia e da India, &c. Por quanto havendofe affignado em Paris no dia dez do prefente mez de fevereiro hum Tratado definitivo de Paz, e os artigos feparados delle entre os Sereniffimos e Potentiffimos Principes Luis XV Rey Chriftianiffimo de França, Jorge III Rey da Graõ'-Bretanha, e Dom Carlos III Rey Catholico de Efpanha: Por quanto em Razaõ' de me haver fido comunicado o fobredito Tratado de Paz e os artigos feparados delle, convidandofe me para acceder a elles, autorifei a Martinho de Mello de Caftro do meu Confelho, e meu Embaixador e Miniftro plenipotenciario na referida corte de Paris, munindoo com todos os Plenofpoderes neceffarios para acceder fe unir, e affociar a o fobredito Tratado, como effectivamente accedeõ, fe unio e affociou pelo acto nefta incorporado: E por quanto o referido acto de acceffao', uniao', e affociaçao' foi aceito em forma pelo Duque de Praflin Miniftro e Secretario de Eftado, e Plenipotenciario*

G ij

de fua dita Mageftade Chriftianiffima, em nome de
el Rey feu amo por outro acto affignado em Paris no
dito dia dez de fevereiro; cuyo Tractado, actos de
acceffao', uniao', e affociaçao', e de aceitaçao' delles
fao' do Theor feguinte.

Fiat infertio.

Por tanto havendo eu vifto e examinado, affim os
referidos actos de acceffao', uniao', e affociaçao', como
o Tratado definitivo de Paz, e os artigos feparados
depois delle efcriptos: E achando tudo contratado e
affignado pelo meu fobredito Embaixador e Miniftro
plenipotençiario, na conformidade das inftrucçoes e
Poderes que lhe fis expedir para efte effecto': Me
deliberei a aprovar, e ratificar, como em virtude da
prefente aprovo, e ratifico o fobredito Tratado, e as
referidas acceffao', uniao', e affociaçao' na forma em
que no meu nome fe acha affignada, e aceita fem
reftricçao' alguma, e no melhor, e mais amplo modo
que poffo; prometendo de baixo da fé e palavra de
Rey, tudo haver por firme e valiofo, e de o cumprir
tao' inteiramente como nos mefmos Tratado, e actos
fe contem. Para major firmeza de tudo o referido
mando expedir a prefente carta de ratificaçao' por mim
affignada, fellada como fello das minhas armas, e

referendada pelo meu Ministro e Secretario de Estado dos negocios estrangeiros e da guerra a baixo assignado. Dada no palacio de nossa Senhora da Ajuda no dia vinte e cinco de fevereiro do anno do nascimento de Nosso Senhor Jesus-Christo de mil setecentos e sessenta e tres.

(L. S.)   EL REY ℐℛ ⁝

DOM LUIS DA CUNHA.

DÉCLARATION

De l'Ambassadeur & Ministre plénipotentiaire de Sa Majesté Très-Fidèle, concernant l'Alternative avec les Rois de France & de la Grande-Bretagne.

COMME à la fin de la négociation du Traité définitif, signé à Paris cejourd'hui 10 février, il s'est élevé une difficulté sur l'ordre des signatures, qui auroit pû retarder la conclusion dudit Traité, Nous, soussigné Ambassadeur & Ministre plénipotentiaire de Sa Majesté Très-Fidèle, déclarons que l'Alternative observée de la part du Roi Très-Chrétien & de la part du Roi de la Grande-Bretagne, avec le Roi Très-Fidèle, dans l'Acte

G iij

d'acceſſion de la Cour de Portugal, n'a été accordée par Leurs Majeſtés Très-Chrétienne & Britannique, que dans l'unique vûe d'accélérer la concluſion dudit Traité définitif, & de conſolider par-là plus promptement un ouvrage ſi important & ſi ſalutaire, & que cette complaiſance de Leurs Majeſtés Très-Chrétienne & Britannique ne pourra tirer à aucune conſéquence pour l'avenir; la Cour de Portugal ne pourra jamais l'alléguer comme un exemple en ſa faveur, ni s'en faire aucun droit, titre ou prétention, pour quelque cauſe, ni ſous quelque prétexte que ce ſoit. En foi de quoi, Nous, Ambaſſadeur & Miniſtre plénipotentiaire de Sa Majeſté Très-Fidele, à ce dûement autoriſé, avons ſigné la préſente déclaration, & y avons fait appoſer le cachet de nos armes. FAIT à Paris, le dix de février mil ſept cent ſoixante-trois.

(L. S.) MARTIN DE MELLO Y CASTRO.

PLEIN-POUVOIR du Roi de Portugal.

DOM JOSEPH, por graça de Deus, Rey de Portugal e dos Algarves d'aquem, e d'alem Mar, em Africa Senhor de Guiné, e da Conquiſta, Navegaçao',

Commerçio de Ethiopia, Arabia, Perfia e da India, &c.
Faço faber a os que efta minha carta Patente virem,
que naõ' havendo couza para mim mais dezejavel do
que ver extinĉto o fogo da guerra, que ha tantos
annos arde em toda a Europa; e cooperar (quanto
em mim for) para que della fe figa huma paz
jufta, e eftabeleçida fobre principios folidos: E fendo
informado, de que nas mefmas pacificas difpozições
fe acha grande parte das Potencias belligerantes:
Devendo nomear Peffoa, que pela fua nobreza, pru-
dençia, e dexteridade fe faça digna da minha confiança,
para affiftir em meu nome as Affembleas, e confe-
rençias, que fe tiverem fobre efte importante negoçio:
Por concorrerem eftas diftinĉtas qualidades em Mar-
tinho de Mello de Caftro do meu Confelho e meu
Inviado Extraordinario e Plenipotençiario na Corte de
Londres, E pela experiençia que tenho de que em tudo
o de que o encarreguei me fervio fempre à minha
fatisfaçaõ', para efperar, que daqui em diante acref-
centará novos motivos à confiança que nelle tenho
pofto, o nomeio e conftituo meu Embaixador e Ple-
nipotençiario para que como tal affifta em meu nome,
em quaefquer Congreffos, Affembleas, ou conferençias
affim publicas, como particulares emque fe tratarem
negoçios de pacificaçaõ': Negoçiando e concordando

com os Embaixadores e Plenipotenciarios das ditas
Potencias belligerantes, tudo o que for concernente à
mesma paz: E concluindo o que negociar entre mim,
e quaesquer Reys, e Principes belligerantes, è de
baixo das condiçoe's, que no meu real nome esti-
pular: Porque para tudo o referido lhe concedo todos
os Plenospoderes, e mandatto geral e especial que
necessario he: E prometto de baixo da fé, e palavra
de Rey que tudo haverei por firme e valioso, e ratifi-
carei no tempo ajustado, tudo o que pelo dito meu
Embaixador e Plenipotenciario for contractado e esti-
pulado com os ditos Embaixadores e Ministros dos
Reys e Principes belligerantes, que por Elles forem
munidos com iguaes Poderes. Em fé do que mandei
fazer à presente, por mim assignada, sellada com o
sello pendente das minhas armas, e referendada pelo
meu Secretario e Ministro de Estado dos Negocios
Estrangeiros e da guerra. Dada no Palacio de Nossa
Senhora da Ajuda aos desoito dias do mes de setembro
do anno do nascimento de Nosso Senhor Jesus-Christo
de mil setecentos e sessenta e dous.

(Locus
Sigilli
pendentis.)   E L   R E Y.

            D. LUIS DA CUNHA.

www.ingramcontent.com/pod-product-compliance
Lightning Source LLC
LaVergne TN
LVHW020047090426
835510LV00040B/1459